中华中医昆仑

吴考槃学术评传

张镜源◎主编

中国盲文出版社

图书在版编目（CIP）数据

吴考槃学术评传（大字版）/ 张镜源主编. —北京：中国盲文出版社，2015. 12

（中华中医昆仑）

ISBN 978-7-5002-6762-1

Ⅰ. ①吴… Ⅱ. ①张… Ⅲ. ①吴考槃（1903～1993）—评传 Ⅳ. ①K826. 2

中国版本图书馆 CIP 数据核字（2015）第 313562 号

吴考槃学术评传

主　　编：张镜源
责任编辑：张冬芝
出版发行：中国盲文出版社
社　　址：北京市西城区太平街甲 6 号
邮政编码：100050
印　　刷：北京华联印刷有限公司
经　　销：新华书店
开　　本：700×1000　1/16
字　　数：42 千字
印　　张：6. 5
版　　次：2015 年 12 月第 1 版　2016 年 3 月第 2 次印刷
书　　号：ISBN 978-7-5002-6762-1/K·404
定　　价：12. 00 元
销售服务热线：（010）83190297　83190289　83190292

丛书编委会

前　言

中医药是中华民族的伟大创造，是世界医学宝库中的夺目瑰宝，数千年来为中华民族的繁衍昌盛作出了巨大的不可磨灭的贡献，至今仍是中国医药卫生事业不可分割的重要组成部分，在维护民族体魄康健、促进经济社会发展中发挥着不可替代的作用。

中医药学，是中华传统文化和科技文明的结晶，是勤劳聪慧的中华儿女在几千年生产生活实践中，在与疾病作斗争的过程中，创造的独具特色的医学科学体系。它有着浓郁的民族特色、深厚的文化底蕴和丰富的哲学内涵。经过一代又一代中医药传人、一辈又一辈名医大家的实践探索、薪火传承、总结完善、创新发展，逐步形成了系统的理论体系、独特的诊疗方法、丰富的医学内容、实用的制药技术。具有疗效确切、用药安全、应诊灵活、普适简廉和预防保健作用显著的巨大优势，在世界医学之林独树一帜，为人类的文明进步与医疗保健事业，已经并正在作出积极的贡献。

为了弘扬中华民族传统文化，彰显中医药学家的丰功伟绩，当代中医药发展研究中心与中国文学艺术界联合会、国家中医药管理局新闻办公室、中华中医药学会、中国中医科学院、北京中医药大学、世界中医药学会联合会等精诚合作，在国家中医药管理局的支持和指导下，为中华近现代百年来贡献卓著、深受敬仰的150位中医药学家，编撰出版了这部大型传记丛书。丛书采用评传体裁，记载他们的生平事迹、医术专长、学术思想、传承教育、医风医德、养生之道和突出贡献，使这些宝贵的医学成就和精神财富发扬光大，千古流芳。

丛书取名《中华中医昆仑》。昆仑山，被尊为“万山之祖”，柱西北而瞰东南，立中国而凭世界，凌驾乾坤，巍然屹立。以其高峻豪迈、绵延起伏的磅礴气势，寓意中华中医药学历史悠久、博大精深和永不衰竭；以其挺拔雄伟、高耸入云的恢弘气魄，彪炳一代中医药学家的丰功伟绩、杰出贡献和不朽勋业。

丛书入选传主，从全国范围推荐遴选，遍及中医药界各个领域。有临床家、理论家、药学家、教育家、医史文献学家；有名师亲授、世医家教、学派传人、院校毕业和自学成才者；有师徒并驾、父子齐名和伉俪联袂者。他们学术造诣深厚、诊疗技术精湛、临床经验丰富、学科地位崇高、科研成果丰硕、医风医德高尚、国内外影响较大，从医学理论到临床实践，为中医药事业的传承和发展作出了突出贡献，是近现代百年来中华中医药界的杰出代表。

丛书的出版，对于弘扬中华文化，振兴中医药事业，造就中医药人才，普及中医药知识，具有重要的现实意义和深远的历史意义。这是一项开创性工作，填补了我国为著名中医药学家大规模撰写传记的空白；也是一项抢救性工作，因入选传主已仙逝过半，许多亲历、亲见、亲闻的史料日见散逸，将之收集整理、编撰成书，功垂后世、利国利民；更是一项承前启后的工作，总结传主经验，传承中医药伟业，继往开来，光耀世界医学之林。这部医文结合，富蕴历史性、学术性、文学性和实用性的鸿篇巨制，对医疗、卫生、科研、教育及全球关注中华中医药文化的各界人士，都有重要的参考和阅读价值。

丛书的编撰出版，是一项巨大的中医药文

化建设工程，在策划、撰写、编辑、出版过程中，自始至终得到了国家有关领导、政府部门及社会各界人士的关心和支持。国家中医药管理局高度重视，并组织专家对全书进行终审；数百名专家、学者亲临指导，参与规划；有关省、市、自治区卫生厅、局、中医局（处）给予大力帮助；传主及其亲属、弟子热情支持、密切配合；撰稿人深情满怀、辛勤笔耕；编审专家尽心竭力、精工细琢；关爱中医药事业的企业家热心公益、慷慨资助；全体工作人员不辞辛劳、无私奉献，这一切使丛书得以顺利出版。对此，我们深表谢意。

由于时间紧迫和资料搜集困难，加之水平有限，难免有疏误之处，敬请广大读者批评指正。

中华中医药学，历史悠久，源远流长，发端于远古，奔向于未来。百年对于历史，不过是短暂的瞬间；百人对于万众，不过是沧海一粟。然本丛书所记载的百年百人，则无疑是波澜壮阔的中医药发展史上辉煌的篇章和光芒闪烁的璀璨星辰。

张镜源

目录

学术纯真，知之为知之，不知为不知。

——吴考槃

吴考槃（1903—1993），名隐亭，号保神，江苏海门人。著名中医理论家、文献学家、临床家、教育家，南京中医药大学教授。1922年毕业于海门中兴医药专门学校。1924年任上海浦东中国医药专门学校讲师。1925年开业行医。1933年创办吴氏保神医学校，亲任校长兼教员。1956年江苏省卫生厅特邀至江苏省中医进修学校（南京中医学院前身，现为南京中医药大学）执教，为该院（校）的创始人之一。吴考槃先后担任过金匮教研室顾问，医经教研室组长。1978年被评定为中国第一批中医教授。1979年被聘任为金匮要略、伤寒论专业硕士研究生导师。曾任海门县政协委员，《江海日报》医学检讨编辑，南京市第三、四、五、六、八届人大代表，江苏省中医学会第一、二、三届理事，光明中医函授大学顾问，张仲景国医大学名誉教授。多次被评为学校先进工作者。享受国务院政府特殊津贴。

吴考槃在 70 余年的中医教学、科研、临床工作中都取得了巨大的成功，从 1933 年创办学校并开始执教以来，他先后讲授过古文、医史、内经、伤寒、金匮、温病、内科、外科、妇科、儿科、伤科、喉科、本草、诊断、方剂、各家学说等课程，是中医界难得的一位一专多能的中医教育家。作为中医文献学科的奠基人，中医药文献重点学科的带头人，数十年中，吴考槃为学科的建设默默奉献。他主审了 1～4 版全国中医本科统编教材，并参与了《中药大辞典》、《诸病源候论校释》、《诸病源候论校注》、《难经校释》、《甲乙经校释》、《灵枢经校释》、

《素问校释》等著作的主审工作。个人专著有《伤寒论百家注》、《金匮要略五十家注》、《本经集义》、《难经集义》、《麻黄汤六十五方释义》、《黄帝素问集成》、《黄帝素灵类选校勘》、《医学求真》、《江苏医著》等20多部。为发展中医文献学科，弘扬中医学作出了重大的贡献。

吴考槃一生博览群书，精攻典籍，对《黄帝内经》、《难经》、《伤寒论》、《金匮要略》、《本草纲目》等都有深入的研究和创新的见解。发表了具有指导意义和学术价值的论文60多篇，解决了中医学界的许多重大理论问题。被赞誉为著名经典医籍注释大家、研究大师、中医界的“活字典”和中医药文献研究的一代名家。

吴考槃非常重视临床实践。他常说，教学和科研不仅是为了发展中医科学，更是为了济世活人，指导临床实践。他诊病细致，辨证严谨，用药精当。他善取各家之长，尤擅长经方的运用。在中医内、外、妇、儿、伤、喉各科都有着独到的理论和丰富的经验。吴考槃医德高尚，医术精湛，医风朴实，是享誉大江南北的临床大家。

三十而立　蜚声医界

吴考槃1903年出生于江苏省海门县三星乡八字桥附近的一个农民家庭。父亲早年替人扛活，后来在一家小作坊里半天干活半天在八字桥口晒茶卖茶，以支撑家计，并为南来北往的过路人无偿提供茶水。数十年如一日，在方圆数十里传为“结德老翁”。

吴考槃自幼丧母，从小养成脾气古怪、孤僻少语的性格，但酷爱读书，聪明颖悟。7岁入私塾。为了减轻家中负担，他半天上课，半天挑担去八字桥卖豆腐赚钱，以补贴家用。8年私塾，吴考槃都是在这样半天上学、半天卖豆腐中走过来的，但并没有耽误学习，每次先生课堂提问或测验，他总是满分通过，所以很受先生的宠爱。有时候他还代替先生检查批改同学们的作业。他平时很少和同学闲聊玩耍，每天总是第一个到校，静静地坐在教室第一排的边角，专心听讲。他上课时间虽少，但功课却学得比其他同学优秀，被班上的同学戏称为“怪秀才”。8 年私塾，他读完了十三经、《古文观止》、《楚辞》、《史记》、《文选》等书籍；又利用晨昏自学《老子》、《庄子》、《墨子》、《荀子》、《韩非子》等典籍，并浏览了《三国演义》、《水浒传》、《聊斋志异》、《儒林外史》、《西厢记》、《红楼梦》、《镜花缘》等古典文学作品，从此奠定了坚实的古汉语基础，为他后来从事中医教育和文献研究工作打下了扎实的根底。

1919 年，吴考槃以优异成绩考入海门中兴医药专门学校。他铭记魏征在《谏太宗十思疏》中“求木之长者，必固其根本，欲流之远者，必浚其泉源”的思想，下决心“固根本”、“浚泉源”，打好当医生的基础。于是在老师的指导下，进行了从源到流的系统学习，精读了《素问》、《难经》、《神农本草经》、《伤寒论》、《金匮要略》；又学习了《备急千金要方》、《外台秘要》和金元四大家、明清各家著作及叶天士、薛生白、吴鞠通、王孟英等温病学家著作，力求做到精读熟记，独立思考，全面分析，鉴别对比，综合归纳，以求融会贯通。就是对字词的音义都要细抠明白，从不顺口溜过，不了了之。1922 年，吴考槃以优异的成绩毕业。于 1923 年参加了海门考试院举办的晋级考试，获得医师资格证书。1924 年，吴考槃由老师介绍去上海浦东中国医药专门学校任教，担任伤寒论和方剂学课程的教学工作，他认真备课，言传身教，深受学生好评。

1925 年，因上海战乱，时局不稳，吴考槃回到故乡，正式悬壶行医。他对病人不分贫富，一视同仁。他诊病细致，辨证严谨，用药精准，在内、外、妇、儿、伤、喉各科，深得病家信赖。有一次出诊，路过一家农舍，忽闻啼哭号啕。原来是一位老妇人久病卧床，四方求医，均称不治，现家人正准备后事。吴考槃上前诊察，果然脉微欲绝，奄奄一息，但仍有获救的希望。吴考槃说明身份，立即用药，片刻之后，病人苏醒。用药几日，患者康复如前。消息传开，吴考槃以起死回生之名誉满乡里。此后，求医者门庭若市。

吴考槃在读书、任教与临床期间坚持博览群书，精攻典籍，常常把一些重要论述、命题、定理、警语、事例、引文、例证、数字，以及新材料、新观点等随时记录，再集中归类整理，综合成一个专题，并写上自己的体会、见解。尤其对《伤寒论》、《金匮要略》的诸家注释更是深入研究，全面地积累资料。吴考槃认为，《伤寒论》、《金匮要略》是医家圣书，其文字深奥，读者多有望洋之叹。虽然注家云集，探颐索隐，并有潜符理要者，但以辞害意，依样葫芦者，亦复不少。这就更加大了读者理解原文的困难。为使圣教不灭，大道再兴。1924 年，刚 20 出头的吴考槃撰写了《百大名家合注伤寒论》。他博采百家注释之精要者，集于原文之后。譬如《伤寒论·太阳病篇》首曰："太阳之为病，脉浮，头项强痛而恶寒"，其后就收录了成无已、方中行、张隐庵、张路玉、程郊倩、吴人驹、吴谦、柯韵伯、徐灵胎、陈修园、唐容川等 10 余家的注释，几乎将《伤寒论》注家中注释该条之重要观点概括无遗。这样既便于读者理解原文，又利于参考诸家之观点，为深入学习和研究《伤寒论》者提供了极大的方便。

1931～1936 年，年仅 30 多岁的吴考槃又相继编著了《金匮要略五十家注》、《本经集义》、《难经集义》、《素灵辑粹》等 4 部医书，这些著作的问世，深受国内外中医学家的重视，得到读者的普遍好评。著名中医学家秦伯未在《百大名家合注伤寒论》序中曰："曲者辟之，直者彰之，破千古之歧说而归于一。"这几部医书成了当时国内外有关中医四大经典注释的名著，为当时学习中医学之津梁，直至今日仍是人们在研究《伤寒论》、《金匮要略》、《神农本草经》等医籍时的重要参考文献。

潜心办学　培育英才

1933年，吴考槃以厚实的医学功底与临床经验，面对社会缺医少药的状况，毅然在海门茅家镇南市哨创办“吴氏保神医学校”。学校附近是“洋油站”、“广慈医院”、“天主教堂”和“锡类中学”。这些地方都是外国人出入之所，且南来北往的人川流不息，人气很旺。吴考槃亲任校长兼教员，半天上课，半天门诊兼带教。初办之时学校规模较小，只有一间 $20m^2$ 的教室和一间 $20m^2$ 大小的宿舍，中间有个小天井，是学生课间活动的地方。当时从教材的编撰与授课计划的编制，到学生的日常生活起居都由校长亲自安排。学校的校规校纪很严，学生如有违规行为，一经查实，当即通知家长退学。对家境贫困的学生，吴考槃就减免学杂费，并免费提供食宿。学制 3 年，升级考试非常严格，考试不及格者，则不能升级。因此同年入校的学生，不一定能同年毕业。

这种治学治校方法，深受学生和家长的赞扬。那些年既当校长又当教师的吴考槃，名噪南通地区，来上学的人越来越多。在 20 多年中，培养了近百名优秀中医人才。南通当地的名医中，十有八九是该校毕业的学生。为改变南通地区农村医疗卫生的落后状况，吴考槃和他的学校作出了重要的贡献。后来吴考槃的不少学生都成了南京、上海等地中医院校的主任医师和教授。吴考槃在海门办学期间，教学有方，诊病有术，医德高尚，医风朴实，深受各级领导和四方群众的好评。他先后担任了海门地区医师公会常务理事、医师初审检定委员会委员，并兼任《江海日报》医学检讨编辑、医学巡回讲座医师、抗美援朝联合义诊医师、人民医院特约医师等职务。

1955年，江苏省中医进修学校（现南京中医药大学）成立，省卫生厅邀集八方名医前来任教。1956年6月，吴考槃受江苏省卫生厅之邀，放弃了自己亲手创办的中医学校，来到江苏省中医进修学校执教，成为该院（校）的（八老）创始人之一。20世纪50年代，中医药事业迅速发展，但中医现代教育体系却处于初创阶段。当时该校一无固定的教学基地，二无足够的师资，三无教材，条件非常艰苦。鉴于以上困难，吴考槃将自己办学的成功经验无私地贡献出来，还提出了许多建议。他与教师一起备课、听试讲，指导课堂教学，制订考核办法，培养了诸如沈凤阁、李飞等一批优秀教师。面对教材的不足，他就将自己办学时编写的教材拿出来，结合新的教学大纲和教学计划，进行调整加工，以解教学之需。

吴考槃还主编与主审了许多新的教材。1957～1958年，受卫生部邀请，吴考槃首次参加了全国高等医药院校中医药系列教材《中医学概论》、《中药学概论》和中级卫生学校《中医学概要》、《中药学概要》的主审工作。其中《中医学概论》构建了现代中医学理论体系的基本框架，成为中医基础理论和临床各科教材的雏形。由于吴考槃在中医教育界享有较高的声望，他曾多次受卫生部邀请，参加了1～4版全国中医本科统编教材编审会议，并任全国中医本科统编教材编审委员会特邀顾问及主审。每次与会他都悉心审阅，解难释疑，认真修改。如对于《素问·阴阳应象大论》"因其衰而彰之"一语，原多从《类经》正气衰解之，而吴考槃直言不讳地指出："此为邪气衰，而非正气衰。原文说'因其轻而扬之，因其重而减之，因其衰而彰之'。这三个'因其'是说明病邪微、甚、衰的三个阶段。"吴考槃此解，令与会者茅塞顿开并赞叹不已。在校勘古籍、编撰和审阅教材的过程中，吴考槃释疑难，补脱文，纠错简，正讹误，移倒义，做了大量富有创见卓识的工作。再举几例如下：

《素问·脉要精微论》说："粗大者，阴不足，阳有余，为热中也。"按：此下依上文"上竞上，下竞下"，下文"来疾去徐"，"来徐去疾"，都是相对而言例之，应有"细小者，阴有余，阳不足，为寒中也"十三字，此是脱文之显而易见者。吴考槃补之。

《素问·标本病传论》说："人有客气，有固气。小大不利，治其标；小大利，治其本。"按：小大不利，治其标，小大利，治其本，是上文治标治本先后的综合治则，不是客气固气的总括治则。客气、固气，是下文病发而有余不足及间甚的开头文，不是小大不利，治其标，小大利，治其本的开头文，所以后文复有先小大不利而后生病者，治其本的综合治则。此是文字之先后双排法。人有客气，有固气二句，当在小大利，治其本下。如此之误者，吴考槃纠之使正。

《素问·金匮真言论》有："合夜至鸡鸣"，"鸡鸣至平旦"之语。《素问·标本病传论》又说："冬鸡鸣，夏下晡。"《针灸甲乙经·营卫三焦》则曰："夜半为阴陇，夜半后为阴衰，平旦阴尽而阳受气矣。日中为阳陇，日西而阳衰，日入阳尽而阴受气矣。"吴考槃认为，阴阳是相对而言的。他在《〈素问〉刊定》一文中指出："合夜至鸡鸣"，"鸡鸣至平旦"与上文"平旦至日中"、"日中至黄昏"对不起来。依上文之例，"合夜"当是黄昏之误，"鸡鸣"当是夜半之误。

《素问·脏气法时论》说："尻阴股膝髀腨胻足皆痛"。按：阴股膝在髀部下，髀字当在阴股膝三字上，此是传写颠倒之误。又尻阴股膝髀腨胻足，是足太阳、少阴脉之所过，不是肺手太阴脉之所过。尻阴股膝髀腨胻足皆痛，与肺病无关。考《灵枢·经脉》“膀胱足太阳之脉……是主筋所生病者……项背腰尻腘脚皆痛”，《灵枢·经筋》“足少阴之筋……所过而结者皆痛”所言，则此“尻髀阴股膝腨胻足皆痛”十字，当是《素问·脏气法时论》该段落下肾病条“寝汗出憎风”下之文误植于此的。吴考槃在《〈素问〉厘定》一文中做如此订正。

吴考槃是中医理论家，他校勘古籍字字求真；作为中医教育家，他办学育人更是一丝不苟。

20 世纪 50 年代，江苏省中医进修学校创建初期，吴考槃被任命为医经教研室组长。在著名中医教育家由昆校长的领导下，他组织全组教师一起完成了《黄帝内经》、《伤寒论释义》、《金匮释义》、《金匮要略译释》等教材的编撰工作。还先后主讲了金匮要略、各家学说、伤寒论、方剂学等课程，吴考槃为江苏省中医进修学校在学校筹建、师资培养、教材编撰、学术发展等方面都发挥了重要作用。这一时期，吴考槃满怀赤子之心，深入探求中医药学术真谛，并将自己的学术思想与临床经验撰写成《医学随录》、《黄帝素灵类选校勘》等著作。

1979年起，吴考槃被聘为金匮要略、伤寒论专业硕士研究生导师。其渊博的学识、实事求是的教学方法，不仅使本校本学科的研究生深受教益，也吸引了国内其他中医院校的研究生前来求教。他还常被外校邀请作学术报告。1979年，中医研究院（现中国中医科学院）研究生部特邀吴考槃作《伤寒论》的专题讲座。因为看过吴考槃著作的人颇多，但认识他的人却很少，因此有的人是为听他的学术报告而来，有的人则是想来认识他的。宽敞的报告大厅，连走道上都坐满了听课的人。带有浓重江海口音的吴考槃，一眼望去是个干巴巴的瘦老头。虽已年近八旬，但腰杆笔直，举止洒脱。他讲话不看讲稿，那诙谐幽默的开场白和充满意趣及智慧的语言，使全场不时爆发出阵阵笑声和掌声。他那讲课的风采，那抖擞的精神，那敏锐的思维、广博的学识，以及实事求是的风范，感染着每一位前来听课的研究生和医界朋友。吴考槃除了外出演讲，平时在家还经常接待许多从成都、广州、湖南、山东等地专程前来请教的学生。无论是医界名流，还是晚生后辈，凡是因学术问题来求教，孤僻少语的吴考槃就会活跃起来，总是滔滔不绝，循循善诱，引经据典，化难为易，令来访者心悦诚服。

20 世纪 80 年代中期，当时在中医研究院任研究生部副主任的王琦请吴考槃为其所撰之《伤寒论讲解》一书作序。吴考槃毫无保留地将他对《伤寒论》制方思想的深刻理解在序中作了严谨表述："即以方治而言，有谓桂枝汤是专治中风的，有谓柴胡汤是治少阳主方的，大承气汤是治阳明的，四逆汤是治三阴的……而三阳既有表实热，也有里虚寒；三阴既有里虚寒，也有表实热。桂枝汤是三阴三阳的通治方，不是太阳病专治方；柴胡汤不是少阳病专用方，而是三阴三阳通用方；四逆汤三阴可用，三阳亦可用；大承气汤阳明可用，少阴亦可用……桂枝柴胡、承气四逆，三阳也好，三阴也好，对证就好。”吴考槃的论述令王琦教授敬佩不已，认为先生此言说尽原文未言之奥，揭橥仲景不宣之秘，对伤寒之学洞若观火。1981 年，吴考槃在接待湖北中医学院七九级研究生时，针对学生所提的问题，实事求是地谈了对《伤寒论》中许多学术问题的见解。他认为，《伤寒论》是一部价值很高的古典医籍，是中医院校的必修课，全书内容是相互连贯的，所以要全面学习。现在用的《伤寒论选读》教本，虽然也好，但却不能反映《伤寒论》的全貌。吴考槃说：“现在谁能断言被删去的条文完全没有用呢？既然不能下这个结论，就不能随便删节。”吴考槃主张，读书当读原著全书，删节本慎之，尤其是医药经典。

关于《伤寒论》编次问题，吴考槃认为，《伤寒论》的版本很不统一，后世注家认为所传《伤寒论》已非仲景原貌。因此，如《伤寒论条辨》、《伤寒来苏集》、《伤寒贯珠集》等，编者都是根据自己的意志，重新进行了编次。当然出发点都是好的，但《伤寒论》的编次就难以统一了。吴考槃列举了许多版本及其引用的条文，指出有些版本《伤寒论》编次的错乱。他认为，《伤寒论》原来的编次，无论是张仲景手定的也好，王叔和撰次的也好，或者是后人重编的也好，他们一定是经过深思熟虑、反复推敲的，绝不是无的放矢地随便摆摆。因此要移动或删除别人的东西，自己首先要走好三步棋，即要准备人家问你三个问题：一是要了解原作者编次的依据，二是错在哪里，三是你移动、删除的根据。没有这三条，是不好随便动手的。吴考槃如此直言，不仅给学生阐述了自己的学术思想，也传授了自己的治学理念，让人有所思考，有所咀嚼，更有所收益。这些都体现了吴考槃的学识和睿智。当时南京中医学院的顾武军教授和前来求教的学生都感慨万分，敬佩有加。此后不久，他们便将吴考槃的谈话整理成文，于1982年发表在《湖北中医》杂志上。

在几十年的教学工作中，吴考槃先后讲授过医古文、医史、内经、伤寒、金匮、温病、内科、外科、妇科、儿科、伤科、喉科、本草、诊断、方剂、各家学说及医案等课程。他费尽心血，勤奋探索，诲人不倦，为人师表。在培养高质量的中医人才方面，探索出了一套行之有效的教学思路、方法并编写了中医学各科的现代教材。吴考槃是中医界难得的一专多能的教育家。

学科建设　成绩卓著

南京中医药大学的中医药文献研究工作始于 20 世纪 50 年代。早期以整理传统文献、编写现代教材为重点。当时还专门成立了一个编写组，负责文献整理和教材编写工作。至 1979 年将原编写组改建为中医药文献研究室。吴考槃作为中医药文献学科的奠基人、带头人，数十年如一日，争分夺秒，忘我工作，连节假日都在研究室度过。他在浩瀚的书海中寻求新知，为学科的建设默默奉献。每当有人拿着不解或难于查找的文字来找吴考槃，他总是热心相助，引经据典，把出于何书何章，甚至何页何行，何人注释，指点得清清楚楚，令人心悦诚服。

大家都称他为“活字典”。数十年来，他不仅主审了许多教材，还主审了中华人民共和国第一部大型中药学专业工具书《中药大辞典》。《中药大辞典》共有6种不同语言的版本，药学界对此书给予了极高的评价。该书荣获了1978年全国科学大会奖和1996年首届中国辞书类一等奖。

20世纪80年代，吴考槃又以惊人的毅力主审了《诸病源候论校释》、《诸病源候论校注》两书。吴考槃对版本的源流系统作了认真考证，做了大量的勘误校正和文字梳理工作，使文字表达更臻晓畅。诸如此类，吴考槃不仅付出了大量的心血，无私地奉献了聪明才智和真知灼见，而且把好了全书内容的质量关。当时作为《诸病源候论校释》、《诸病源候论校注》的主编丁光迪教授常对吴考槃说：“只要是你审阅过的书稿，我就放一百个心。”两本书历经5年，数易其稿，问世后反响热烈，被誉为传世鸿篇，并分别荣获了国家中医药管理局科技进步三等奖和一等奖。

20世纪70年代末80年代初，吴考槃又先后完成了卫生部交给的全国中医古籍整理——《难经校释》、《甲乙经校释》、《灵枢经校释》、《素问校释》等著作的主审工作。这些著作出版后，被称为中医古籍整理出版的典范之作。在这期间，吴考槃还参加了《中医大辞典·基础分册》及《中医大辞典·中药分册》的审稿工作，以及由卫生部医教司组织的《汉英法德日阿医学词汇》的编委工作。吴考槃还利用业余时间先后独自撰写了《难经集义》、《黄帝素问集成》、《黄帝素灵类选校勘》、《麻黄汤六十五方释义》、《医学求真》、《江苏医著》等著作，并在全国重要医学杂志发表了具有指导意义和学术价值的论文60多篇。

由于吴考槃对中医经典著作的研究造诣精深，名声颇著，与北方的任应秋并驾齐驱，故被中医界誉为“北有任应秋，南有吴考槃”，在国内外享有较高的声誉。吴考槃是经典医籍研究大家、是中医药文献研究的一代名师。他为中医文献学科建设，发掘古医籍，弘扬中医事业作出了重大的贡献，获得了医界同仁的敬仰与爱戴，更为南京中医药大学赢得了声誉。40多年来，经过吴考槃等人的不懈努力，南京中医药大学中医药文献研究工作，由最初的研究组发展到研究室，1986 年又扩建为中医药文献研究所。吴考槃等人一手组建的这个研究所，已经成为我国中医药教材编审、大型中医药工具书编纂、中医药文献信息整理挖掘与研究开发以及高级中医药专门人才培养的主要基地。1994 年，该文献学科被评为江苏省重点学科，1998 年合并重组为中医医史文献学科。2001 年，中医医史文献学科成为国家中医药管理局重点学科建设单位。2002 年被评为中华人民共和国教育部国家级重点学科。

博览精研　发皇古义

吴考槃博览群书，精攻典籍，孜孜以穷理，矻矻以求真，故能深谙经典之真谛，又能通晓百家之注疏。对于《黄帝内经》、《难经》、《伤寒论》、《金匮要略》、《本草纲目》等典籍，著文解析，发皇古义，探求真知，为中医学术的发展和进步作出了卓越的贡献。

早在20世纪30年代，吴考槃即以深厚的功底独自撰写出版了《素灵辑粹》、《本经集义》。嗣后，又相继编著了《难经集义》、《黄帝素问集成》、《黄帝素灵类选校勘》等专著。吴考槃认为，《素问》、《灵枢》、《难经》都是中华医学的元典巨著，内容丰富，指归明确，是中医学的理论基础，为医家之必修。但是这些医典，年代久远，词理秘奥，辗转传写，衍脱错讹、颠倒杂沓者甚多。怎样才能把其中的理论精髓透彻理解并全面而完整地揭示出来？吴考槃认为，只有通过挖掘、归类、校勘、训诂、注解、今译和分析、阐发等方法来解决。大半个世纪以来，吴考槃几乎都沉浸于对岐黄之术的不懈求索之中，吃饭想问题，可以忘记夹菜；睡觉时揣摩学问，常常彻夜不眠。吴考槃是一位全心做学问的人。他的论著《素问衍文》、《素问错简》、《素问厘定》、《素问正定》、《伤寒论之讨论》、《伤寒论辨证简析》、《金匮要略探讨》、《桂枝去桂加茯苓白术汤之研讨》、《营卫探讨》、《经络探讨》、《三焦探讨》、《方药探讨》、《五行与医学》、《运气择言》、《汉唐以前医学成就简介》、《医理衡正评议》等，均有很高学术价值。

吴考槃在他的论著中，以他的学识和睿智

对历代的医药典籍作了深入而全面的研究。他考证、勘误、注解、释义，为中华医学留下了一笔宝贵的财富。

在《〈黄帝内经〉与〈素问〉、〈灵枢〉之考证》一文中，吴考槃认为，《黄帝内经》、《素问》、《灵枢》为我国医学古典名著，对于这几部具有历史意义的作品，更需弄得一清二楚，才可以祖述宪章，古为今用。吴考槃倾平生所学，对原文作了大量的校勘与注释，对历代有争议的许多学术问题与难点，进行了深入探讨与考证。诸如《黄帝内经》之名称，《黄帝内经》与《素问》、《灵枢》之名称，《素问》与《黄帝内经》、《素问》之作者、《素问》之篇次、《素问》之衍误、《素问》之学说、《灵枢》之名称等，吴考槃经过多年细致研究，找到了有力的证据，阐发了自己的学术观点。他明确指出，《黄帝内经》汉季已亡佚，不是《素问》、《灵枢》，而《黄帝内经》学说，可以说是《素问》、

《灵枢》的祖述蓝本。《素问》、《灵枢》不是《黄帝内经》的异名，而是《黄帝内经》的继体著作。并尖锐地指出，皇甫谧、王冰炫耀其编注《针灸甲乙经》、《素问》，并以《素问》、《灵枢》为《黄帝内经》，这是以杭作汴，不符事实的。吴考槃这种严谨求实的治学态度与学术风范让后人赞叹不已。

对《素问》之篇次问题，吴考槃也有新论。他认为，《素问》这部著作，内容丰富多彩，为古人积累学验的结晶，是中医学伟大宝库中之瑰宝。经《伤寒论》撰用后，历代研究并校注者不乏其人：晋代皇甫谧纂为《针灸甲乙经》，唐代杨上善集为《黄帝内经太素》，王冰撰为《次注素问》，明代张介宾辑为《类经》，清代黄元御论为《素问悬解》等等。吴考槃认为，而今要继承这部宝贵遗产，各本都有参考价值。但若用作蓝本，似都不合要求，较之原本的编排原意，尚有差距。如果认识不足，先入为主，对今人的学习会有大的影响。吴考槃为了让后人弄清原本编排意图，他查阅了南京地区所有的相关古籍图书，通过多方考证后提出，《素问》原来的编次，是以《素问·平人气象论》、《素问·决死生论》为开端，继以《素问·脏气法时论》、《素问·宣明五气篇》次之。这是古人寓次于篇的未言之秘。吴考槃认为，学习方法应由其原次循序渐进，首先是脉法，次以辨证，而后治法，当是最为符合学习的门径。不言而喻，如反其源而逐其流，皆非计之得、法之善者也。吴考槃明确指出，学习中医要有门径，要循序渐进，先诊法，后辨证，再治疗，不能反其道而行之。

历代医家对于《素问》、《灵枢》、《难经》的研究，大都详于分类，随文作注，而对于校正舛错，则略而欠详。吴考槃说："岂知一字之讹，判若天渊之别；毫厘之差，必致千里之谬。对于继承发扬、整理提高来说，必须加以相当厘定。”因此吴考槃在古医籍的校勘、训诂、注解等方面做了大量的工作。如删衍文，补脱漏，纠错简，正讹误，移颠倒等，先后发表了许多重要的文章以飨读者，并于1986年由人民卫生出版社出版了《黄帝素灵类选校勘》一书。该书是吴考槃研究古医籍经典的代表作，是集校勘、训诂、注解、今译和归类、分析、阐发为一体的著作。该书破《素问》、《灵枢》二书各篇内容之先后，采用齐梁人全元起注《黄帝素问》之篇名，选择《素问》、《灵枢》之精华，删去黄帝、岐伯问对之浮泛之辞，按类编纂，除其重复，正其亥豕，始于脏腑，终于治则。其每一类之序，则先原文，次校注，后按语；原文则为先《素问》，后《灵枢》；先一般，后具体，条分缕析，字字勘比。凡属脱讹倒衍，均循据作注，使读者有所遵循。在每一类之后，又均有按语，要言不繁，语多中肯，申明奥理，揭经旨之真谛。全书共列脏腑、经络、九窍、形态、气血、营卫、津液、色脉、四时、阴阳、五邪、七情、治则等20门。该书堪称医经之精髓，是后人学习黄帝素灵经典医籍的重要参考书。

对《伤寒杂病论》编次的研考：《伤寒论》传至宋代，有治平本和成无己注解两种版本，但都记载为仲景述，王叔和撰次。自明清以来，注家林立。吴考槃将其归纳，约有两种：一为依次顺序，暂定为“原本”；一为分类重次，暂定为“移本”。对于原本，《伤寒论浅注》凡例说：“辨太阳病脉证并治至劳复止，其章节起止照应。”于此可知原本章节次序是有一定的所谓条理系统，并不是散漫无准则的。如桂枝加葛根汤，预为下文葛根汤作了引笔；桂枝麻黄各半汤预为下文麻黄汤的伏线；《辨太阳病脉证并治》中“伤寒脉浮，发热无汗，其表不解者，不可与白虎汤”条，隐示“时时恶风”和“背微恶寒”条不是表证等。这样有深意的相互对照的条文在《伤寒论》中很多。可见原本对于编次方面的安排确是经过一番细致而周详考虑的，是比较合理的。对于移本的编次，吴考槃以小柴胡汤为例进行了分析。如柴胡汤证与少阳证：柴胡汤证如果等于少阳证，为何原文所列少阳的症状，不论提纲也好，中风、伤寒也好，和柴胡汤证所列症状大不相同，而提纲证所列三症，两症都与《辨阳明病脉证并治》中“阳明中风，口苦咽干”一样，和柴胡汤证与少阳证不可等同，则移本的和而倡之也好，同然一词也好，对于继承和发扬来说都是无大说服力的。余如《辨太阳病脉证并治》中桂枝汤、麻黄汤的各立门户，《辨阳明病脉证并治》中四逆汤移入少阴篇，似阳明但有实热而无虚寒，这些移列使原文但有正面而无反面，但有其常，无有其变，将活泼的文字变成呆板的东西。吴考槃鲜明易了地指出，《伤寒杂病论》的编次原本强于移本，其医理与文理均符合情理。这对指导后人选择学习《伤寒杂病论》的版本具有重要的作用。

对《金匮要略》篇目的研考：仲景《伤寒杂病论》原16卷，除去伤寒10卷，应还有6卷方合。吴考槃考宋本《金匮要略》篇目，自《脏腑经络先后病脉证篇》起，至《果实菜谷禁忌》止，计有25篇。吴考槃认为，《金匮要略》似为承接《伤寒论》而论述杂病的方书，是由伤寒而联想到杂病，有承上启下的作用。故《金匮要略》首以脏腑经络先后病、痉湿暍、百合狐惑、阴阳毒和疟病、中风历节诸病为次，因与伤寒近似或类似，或为伤寒余邪所致。其每篇的衔接，亦都有不可分割的层次。为取分段讲解的便利，吴考槃以痉湿暍至中风历节为第一章，血痹至奔豚气为第二章，胸痹至积聚为第三章，痰饮至黄疸为第四章，惊悸至蛔虫为第五章，妇病禁忌为第六章。这样合理的分章，对后人学习领会《金匮要略》的内容具有重要的指导意义。

对《金匮要略》之理论基础的阐发：吴考槃认为，一种学说的成立，须有充分的论据，不磨定则，方可小叩小鸣，大叩大鸣，金匮之书实具备此项条件。如疟病篇之疟脉自弦；中风之半身不遂；积聚篇之脉出左，积在左，脉出右，积在右；酒疸虽黑微黄等。由于辨证凭脉论治，此类皆具有一定的指征。正如林亿校订所云："施之于人，其效若神。"徐灵胎也说："其论病皆本于《内经》……用药悉本于《神农本草经》……其治病无不精切周到，无一毫游移参错之处。实能洞见本源，审察毫末，故所投必效，如桴鼓之相应。"这是符合事实的。吴考槃赞美仲景之作说："其继往开来，承先启后之功，可与《素问》媲美。而突出地方，甚或有过之而无不及。谓其推陈出新，本书实为当之无愧的。"

他对《伤寒杂病论》方药研究更是细致入

微。吴考槃认为，《伤寒论》中113方，是仲景承先启后的一部方书。其方有众方、加减方、创作方、单方之别。众方为古来传统效方，如桂枝汤、麻黄汤等；加减方为病证同中求异，必须加减其某些佐药，使之更适合病情的方剂，如桂枝加葛根汤、桂枝去芍药汤等；创作方是在临床过程中发展起来的药方，如甘草干姜汤、厚朴生姜半夏甘草人参汤等全部以药名冠方的方剂；单方即《神农本草经》所谓单行，来自民间的验方，如蜜煎导、甘草汤等。药有专长、兼长的不同，故有用至几十次的，如桂枝、甘草等是；有只用一二次的，如桔梗、贝母等是。其方药关系，有一味出入，治即不同的，如麻黄汤与麻杏石甘汤，是桂枝与石膏的不同，治就不同。而桂枝与石膏同用的大青龙汤，治又不同。还有药品同而分量不同，治又不同。针对这些同异药方，看上去好像五花八门，错综复杂，实则是异曲同工的学验结晶。吴考槃鼓励后学，只要神而明之，融会而通之，此道真传，是不难攀登的。

吴考槃对小柴胡汤也有他独到的见解。他认为小柴胡汤为解外之方。《伤寒论》曰：“先宜服小柴胡汤以解外。”太阳病、阳明病等都有应用小柴胡汤之例。自汪昂《医方集解》把小柴胡汤列入和解剂，并在《汤头歌诀》中云：“小柴胡汤和解功……少阳百病此方宗。”从而把小柴胡汤视为少阳病专方。正确的认识，当遵陈修园《伤寒论浅注》之言：“小柴胡汤是太阳病的转枢方，阳明及阴经当借枢转而出者亦用之，少阳主枢，谓为少阳之方无有不可，若谓为少阳之专方则断断乎其不可也。”

一个人博览群书并不很难，难的是对博览之书能穷其理，探其幽，勘误知微。不但能发皇古义，而且还能有所新见，言前人所未言，示后学以圭臬。吴考槃做到了，而且做得很好。

医理方药　多有新论

人类对世界的认识是渐进的，一步而达终点的研究几乎是没有的。中医药学的进步也不例外，它是在历代医家的继承和求索中逐步发展的。吴考槃从现代科学的角度，精求古训，探索求新，在中医药理论及其方药配伍各方面也取得了许多新知新论。

一、独辟蹊径，阐发《黄帝内经》正气为本的发病学思想

“冬伤于寒，春必病温”与“藏于精者，春不病温”分别出自《素问·生气通天论》及《素问·金匮真言论》。王叔和在《伤寒例》中对“冬伤于寒，春必病温”解释说：“中而即病

者，名曰伤寒；不即病者，寒毒藏于肌肤，至春变为温病。”张景岳则说：“冬伤寒邪，则病毒藏于阴分，至春夏阴气上升，新邪外应，乃变为温病。”这两种解释，引发了历史上关于“伏气温病”的长期争论，给众多初涉中医经典之人带来无穷疑惑。吴考槃凭借其笃实精深的学识及对《黄帝内经》研究的深厚功底，独辟蹊径，认为“冬伤于寒，春必病温”与“藏于精者，春不病温”是《黄帝内经》正气为本的发病学基本精神的重要体现。

中医发病学很重视人体的正气，认为一般情况下，发病的决定性因素是正气不足或失调。若内脏功能正常，正气旺盛，气血充盈，卫外固密，病邪难于侵入，疾病则无从发生。只有在人体正气相对虚弱，卫外不固，抗邪无力的情况下，邪气方能乘虚而入，使人体阴阳失调，脏腑经络功能紊乱，才会发生疾病。《素问·评热病论》说：“邪之所凑，其气必虚”。所以

《素问遗篇·刺法论》云："正气存内，邪不可干。"这就成为后人论述中医发病学原理的原创性经典。吴考槃指出："伤于寒与藏于精者，一以邪气言，一以正气言，立言虽异，其旨相通。""不伤寒则不病温，不藏精则必病温。伤于寒，是由于不藏精，藏于精，则寒就无由伤。"认为伤于寒与藏于精"二者一而二，二而一，不是伤于寒是一回事，藏于精又一回事之谓"。寥寥数言拨云散雾，使后学豁然开朗。从吴考槃的论述中我们可以体会到这两句经文虽出自《黄帝内经》两个不同篇章，但其精神实质均是强调正气与邪气在人体发病中的各自地位。"伤于寒"实则可理解为一切引起人体疾病的邪气；而"藏于精"实则可理解为人体的正气。明了此意，则对"冬伤于寒，春必病温"与"藏于精者，春不病温"中蕴涵的中医发病原理的基本精神了然若揭。其与《素问遗篇·刺法论》"正气存内，邪不可干"及《素问·评热病论》“邪之所凑，其气必虚”实则一意，也就不难理解了。吴考槃简洁明晰的语言和唯物辩证法的思想与“内因是根据，外因是条件”，“外因只有通过内因才能起作用”的哲学理论完全吻合，可见《黄帝内经》经典的深邃和魅力。

二、客观求实，理性认识五行学说的作用与价值

五行学说是古代医家研究中医的哲学观和基础，也是中医理论的重要组成部分。在《黄帝内经》中是被充分肯定和强调的。《灵枢·阴阳二十五人》就指出：“天地之间，六合之内，不离于五，人亦应之。”吴考槃一生致力于《黄帝内经》、《难经》的研究，倡导后学科学认识五行的作用与价值。他认为，五行学说与其他古代学说一样，有其历史的局限性，但其运用到医学上来，作为说理工具，是有其一定意义的。《黄帝内经》中许多阐述五脏生理、病理及治疗的章节，如果不从五行角度来认识，就会

显得晦涩难懂，只有掌握五行学说的基本内容，才能更好地理解《黄帝内经》中有关五脏生理、病理及治疗法则的论述。

吴考槃指出，五行的相生相克是以“四时的春生夏长，秋收冬藏，类比于五脏相互间的关系，说明人体的生理功能的内在联系”。例如：木类春生发陈，犹如水之生木，冬去春来，人身肝脏性喜条畅象之。故《素问·六节藏象论》说：“肝者，罢极之本，魂之居也，其华在爪，其充在筋……为阴中之少阳，通于春气。”《素问·金匮真言论》说：“东方青色，入通于肝，开窍于目，藏精于肝……其类草木。”反之，条畅太过，则肝气松弛，清劲之气，可以制之，犹如金之克木。所以《素问·五脏生成篇》说：“肝之合筋也，其荣爪也，其主肺也。”人体复杂的生理功能经此一解便易于理解了。再如，《素问·标本病传论》中说：“夫病传者，心病先心痛，一日而咳，三日胁支满，五日闭塞不通，身痛体重。”吴考槃在分析这段疾病传变的经文时指出：“心痛为什么传而咳，咳又为什么传而为胁支满，胁支满为什么传而为闭塞不通，身痛体重？这一病理传变，运用五行传克来说明，就浅显易懂。”因为心属火，肺属金，肝属木，脾属土，咳为肺病，胁支满为肝病，闭塞不通，身痛体重为脾病。心痛当然是心病，心病不解，传而为咳，是谓心火克传肺金的表现，传之于其所胜。所以心病不解，一日就要肺病而咳了。三日胁支满者，又是肺病传肝的见证。五日闭塞不通，身痛体重，这是肝木乘脾象征。由此可见，所谓乘克，不但一脏受病，且能影响他脏相继而病。

吴考槃认为，五行学说之所以能指导治疗，是因为该学说“言之有理，行之有效”。他在《五行与医学》一文中写道：《素问·脏气法时论》提出“肝欲散，急食辛以散之”，“肺欲收，急食酸以收之”，“心欲软，急食咸以软之”，

"肾欲坠，急食苦以坚之"。《素问·脏气法时论》的原则提示很难理解，辛为金味而散肝，酸为木味而收肺，咸为水味而软心，苦为火味而坚肾，如果不用五行学说来认识，是很不容易理解的，但若运用五行学说来解释则令人豁然开朗。因此，用五行这一整套取类比象的理论学说来说明人体生理方面的运行变化，病理方面的转归顺逆，并指导诊断与治疗，"确有微于理而不爽，计于事而有效"的实际意义。吴考槃强调"掌握五行学说，对培土生金、佐金平木、取坎填离、滋水涵木等等法则，便可迎刃而解"。可见，学好五行学说是理解中医其他理论的重要基础。

三、追本溯源，全面解析《黄帝内经》营卫理论

营与卫，是指营气与卫气，二者是构成人体的基本物质，都以水谷精微为其主要的生成来源。后世多遵《灵枢·营卫生会》"营行脉

中，卫行脉外”之旨。认为营主内守而属阴，卫主外卫而属阳，卫气是运行于脉外之气，营气是与血共行于脉中之气。据此，中医界对营卫的分布、循行、作用及所生病证等都有较为明确的区别。

吴考槃对《黄帝内经》中所论述的营卫理论进行了细致入微的分析总结。他认为，营卫二字，在《黄帝内经》、《难经》中有单提的，有并举的，看似头绪多端，难以系统，实则先后一贯，相互阐发。他在《营卫探讨》一文中写道：营卫二字，分言之，营有营养经营的含义，卫有卫固捍卫的意思，有时也用以区别其表里和营养、捍卫的界限。《素问·气穴论》有“孙络三百六十五穴会……以通营卫，以行营卫，以会大气”之论。《灵枢·胀论》也有“营卫留止”之说，类皆合而言之，而不强为分别。因此对营卫的特点及其分布、循行和作用等不应机械看待。吴考槃进一步指出：《灵枢·营卫生会》所言“营行脉中，卫行脉外”，好像将营卫分得很清楚、很具体，其实原文只说“营行脉中”，未曾说到不行脉外；只说卫行脉外，同样未曾说到不行脉中。所以营行脉中，不能理解为脉外无营；卫行脉外，不能理解为脉内无卫。如果把营卫二字机械地分开来理解，不但不全面，而且在营卫二字的意义上也讲不通。《灵枢·痈疽》篇“营卫稽留于经脉之中”便是明证。《黄帝内经》中对营卫的阐述实是古人行文的简省章法，互文见义，当灵活看待。营卫既同出一名，则其病证也相互关联，营所病的，卫亦无一不可病；卫所病的，同样营也都能病。对营卫病证的治疗法则，当然也是彼此相互关联，而不是两不相干的。吴考槃引用了《伤寒论》桂枝汤证来证明营卫一气的理论是来自实践的。桂枝汤是调和营卫的著名方剂，但事实上，营卫不和者，固宜桂枝汤以调之和之，营和、卫不和，卫和、营不和者也同样可用桂枝汤以调之和之。这便是《伤寒论》“营卫和则愈，宜桂枝汤”，“卫气不和也，宜桂枝汤”的未言之意。据此吴考槃认为，《灵枢·营卫生会》所说的“营行脉中，卫行脉外”可以理解为：以其行于脉中而言，则曰营；以其行于脉外而言，则曰卫。自其内而言之，则曰营，自其外而言之，则曰卫。吴考槃对《黄帝内经》营卫理论精辟的阐发，让后学者顿感中医经典的别有洞天，领悟到了《黄帝内经》所蕴含的深邃医理。

四、知常达变，反对按图索骥，呆执五运六气

五运六气简称为“运气”，源出于《素问》，是把天文气象运动规律引进医学研究的学说，是中医基础理论的重要组成部分。自唐代王冰在《次注黄帝素问》序中提出并兴盛以来，历代研究运气学说者甚众。由于运气学说玄奥的医学、气象学理论，加之历史上对运气学说的

纷争与歧见，使众多初学中医理论者很难理解其精神实质，甚至曲解为不过是把星相家的故弄玄虚运用到中医学理论之中而已，从而影响了人们对运气学说的科学性乃至对中医理论科学性的认识。吴考槃在《运气择言》一文中明确提出：五运六气诸篇不是《素问》第七卷原有内容，是唐代王冰《次注黄帝素问》时补入的。吴考槃认为，将运气篇作为《素问》原文，“不够严肃”。这就让后学者明确了运气诸篇较《素问》其他篇章难以理解的原因所在，也使我们得以正确认识运气学说与《黄帝内经》的关系。

五运六气的总思想是天气决定地气，天地合气又决定人的健康和疾病的特征。运气学说是运用古代的术数确定历法和纪年干支的，按干支配合推算五运、六气及其关系，并根据运和气的特点预测疾病，确定疾病的防治原则。吴考槃认为，运气学说是在阴阳五行的基础上，以干支为代表符号，演述病理变化过程的一门学说。它的理论体系是一种取象说理的方法，而不是以五运六气的循环来机械地看待一切病变。运与气虽有太过不及、乘侮胜复、司天在泉、主客逆从以及天符岁会、上临下加等区别，但“时有常位而气无必也”（《素问·六元正纪大论》）。《素问·至真要大论》中所谓“至而和则平，至而反则病”，也不是固定不变的。吴考槃对后人不察其旨，对本来容易懂的说理工具，牵合硬套星相家所谓化五行之说变而为头绪迷离的星相玄学持批判态度。

运气学说强调疾病的发生、发展与气宜，即气候的关系是有其科学性的，其实质正是中医学“天人相应”思想的具体体现。气候变化对人体的免疫、基础代谢、激素分泌、致病因子等都会产生一定影响，从而影响着疾病的发生。这已为现代科学所证实。据此吴考槃认为：“欲知其病的来龙去脉，必先审其气之是否适宜。”医者如能明气宜，则其病机即可豁然贯通。这也是《素问·六元正纪大论》“知其要者，一言而终，不知其要，流散无穷”的未言之意。

运气学说在指导疾病的治疗中蕴涵着中医学“三因制宜”的重要思想。吴考槃指出：运气治法看似强调运气规律，其实不但因时，而且又因人、因地以及因病之寒热虚实而异。寒热补泻，随宜而治，并不是一成不变的。故《素问·六元正纪大论》曰：“同者多之，异者少之，用寒远寒，用凉远凉，用温远温，用热远热，有假者反常。”吴考槃强调，医者必须通常达变，以所利而行之，不可呆执某年某病而按图索骥。他认为，“能明及此，不论病之太过不及的何种变化，都可以迎刃而解的”，若“但知其常，不知其变”，则遗人夭殃。

五、矫枉求真，正确认识“命门”与“三焦”

“命门”一词，始见于《黄帝内经》，经过

《难经》的发挥和后世医家的不断探讨、研究，至宋明时期日臻成熟，从而形成了重要的命门学说。但历代医家从不同的理论角度和学术思想出发，对命门认识不尽相同，尤其是对命门位置则更是各执己见。对于命门的位置历代主要有眼命门说、肾命门说、生殖器命门说、腧穴命门说等不同认识。命门位置的争论体现了医家对命门的不同认知角度及其思想渊源，对于理解、阐发命门的功用、实质具有一定的意义。

吴考槃详考《针灸甲乙经》、《素问》、《灵枢》、《难经》等诸家之说，给出了自己对命门的认识。他认为，所谓命门者，本是督脉之经穴名称，肾间动气之源。督脉贯脊属肾，与太阳起于目内眦睛明，乃太阳、足阳明、督、任、跻脉之会，命门动气，上近于目，目为五脏六腑精气上至之所，为太阳经气之标，是命门之上通者，故有命门别称。肾为藏精之脏，命门动气，下达于肾，肾有作强生育之能，故亦有命门其号。然则《针灸甲乙经》谓十四椎节下，言其本也；《素问》称结于命门，《灵枢》谓目也，皆言其标也；《难经》称藏精，系胞，言其用也，实则一也。而所谓“肾有两枚，左者为肾，右者为命门”者无非凑合六脏之说有意形成，非别有所谓命门其脏也。吴考槃画龙点睛之语道出了《黄帝内经》命门之名的真意。

三焦之名，在现存古代文献中始见于《黄帝内经》。自《难经·二十五难》提出“心主与三焦为表里，俱有名而无形”的论点之后，历代医家对三焦的认识不一，争论较多。“循名责实”是三焦争论的根本问题。

吴考槃认为，所谓三者，明指上、中、下三个部分而言；所谓焦者，以其发源于所谓下焦肾间动气，而中而上，犹如热气从下向上蒸发者然。无非言其中上之气，如无下焦肾间动气主持其下，则必不能达到其生理上的一切正常作用。即是说，必须由下焦热气由下上蒸以为之根，而后可以成其温煦的功能职责。所以《难经》有“所谓生气之原者……谓肾间动气也，此五脏六腑之本，十二经脉之根，呼吸之门，三焦之原”之说。能明及此，则不特三焦“孤腑”、“外腑”的名称和其他诸腑的不同可以清楚，其部位以及功用也可全都明了。

吴考槃在《三焦探讨》一文中写道：《灵枢》、《难经》所述的三焦部位分野，虽文字略有出入，但其含义并无多大分歧，无非告诉我们三焦和其他诸腑不能等量齐观。其他诸腑，都是位于一处，而三焦则有上中下三处。至于三焦之脉，吴考槃认为是古人为了凑合手足三阴三阳之数而以虚充实补充上的，实则有名无形。这从《灵枢·本输》中“三焦者，足少阳太阳之所将，太阳之别也”的记载中就可以很明显地看出。所谓三焦手少阳之脉，其实是太阳经脉之别脉行于手的部分，不与其他经脉一样。如不识及古人为了凑合手足三阴三阳之数而以虚充实，认为既有经脉之名，必有其内属脏腑之地；有其脏腑之名，必有其内在脏腑之实，则必为古人所愚。

吴考槃引用《难经·六十六难》所载“肾间动气者，人之生命也，十二经之根本也，故名曰原。三焦者，原气之别使也，主通行三气，经历于五脏六腑。原者，三焦之尊号也”来说明：古人所以在五脏六腑之外又加一个所谓三焦其腑者，无非作为整个脏腑的综合，以起到相当的联系作用而已。由此可以理解三焦的病证也实为其所在部位脏腑经络的病证，临床上其实是难以找出三焦的独特病证来的。

吴考槃的真知灼见，对我们正确认识“命门”及“三焦”的名称、部位及功用和病证都有着重要的指导作用。

六、为医之道，当通晓经络学说

吴考槃不仅是中医理论家，还是一位将中

医理论完美地运用于临床实践的临床大家。他倡导为医之道，当通晓经络学说。他认为，经络是存在于人体脏腑以外，但又与脏腑密切联系着的一个结构系统，并与脏腑共同完成人体生命活动的全过程。人身外而躯体，内而脏腑，都需要气血津液营养灌溉、和调洒陈，而后可以维持其吐故纳新、生长发育过程，以维持生命的一切活动。经络贯注人体上下内外的各个部分，其联系全身渗灌气血的作用是广泛的，其对于疾病产生的影响也是普遍的。吴考槃据其长期的临证经验，认为疾病的表现虽多种多样，但总体上都可以用经络学说来归纳理解。他认为，《灵枢·经脉》所言“经脉者，所以能决死生，处百病，调虚实，不可不通”，其意义非比寻常。

经络学说不仅对我们认识人体的生理功能、病理变化有重要意义，更是临床诊断疾病的重要依据之一。吴考槃在《经络串讨》一文中指出，要想学会分步而又细致的诊断方法，必须了解经络的循行路线和经络行气血、利关节的道理。他举《素问·病能论》所载“有病怒狂者，生于阳也。阳明者常动，巨阳少阳不动，不动而动大疾，此其候也”的病理变化，说明如果不明白经络的分布关系，是无法诊断和分析其病理原由的。而《素问·脏气法时论》所述“肝病者，两胁下痛引少腹，心病者，胸中痛，胁支满”的病理变化也要通过经络学说才可以得出理论和实践相结合的诊断道理。同时，也只有领会了经络是辨析病理的主要方法，才可以得出全面的正确诊断。

在长期的临床实践中，吴考槃体会到，运用经络学说治疗疾病，不但在针灸导引方面有一定效果，在汤液和其他方面也同样有良好效果。但吴考槃又提示我们：经络学说自有其经络学说的体系，不能把方药的全部效用统括到经络系统中。同样，方药效用也有其许多长处，不可能以经络学说局限其效用。吴考槃认为，“治病之法，无论治寒治热，治气治血，须使邪有出路，为唯一要法”。出路何在？唯有经络。《素问·脏气法时论》中的肝病取其经厥阴与少阳，心病取其经少阴与太阳等，都是以其经的表里腧穴治其经的疾病，也是通过经络的互相贯通而取效的。一病非一法可治，有的需要采取多种治法才可以达到病愈的目的。如《素问·奇病论》曰：“积为导引服药。”《素问·阴阳应象大论》有“从阴引阳，从阳引阴，以右治左，以左治右，阳病治阴，阴病治阳”之论。《灵枢·经始》更言：“病在上者、下取之；病在下者、高取之。”这些无非是因经络有上下左右、如环无端的特点才可以有疗效。所以任何疾病，即使不是固守一方一法解决的，也不会有超越经络学说理论之处。经络之学，医家之学也，不可不通。

七、病证辨析，重在证症

何为病证，吴考槃认为，病是证的总称，证是病的表现。故病包括证的大部表现在内，证则总是在病的范围内出现。但病有广义和狭义之分。如同一太阳病，而有中风、伤寒、温病、热病、湿病的名称。《伤寒论》说："太阳中风，啬啬恶寒，淅淅恶风，翕翕发热。""或已发热，或未发热，必恶寒……名曰伤寒。""发热而渴，不恶寒者，为温病。"《金匮要略·痉湿暍病脉证治篇》说："太阳中风者，暍是也，汗出恶寒，身热而渴。""湿家之为病，一身尽痛，发热，身色如熏黄也。"可见，所谓中风、伤寒、温病、热病、湿病，都有发热现象。这就要从其同异之间区别了。如恶寒，中风、伤寒可见，热病也可见，湿家可能也见，唯温病则不恶寒。但中风的恶寒发热，则伴有汗出；伤寒的恶寒发热，则无汗而喘；热病的恶寒发热，是汗出口渴；湿病的恶寒发热，是一身尽痛，或身色如熏黄。温病、热病都渴，但热病是伴有身寒，温病是身不寒，也是可以区分的。

又寒热虚实诸病，有但寒不热、但热不寒的；有表寒里热、表热里寒的；有上寒下热、上热下寒的；有先寒后热、先热后寒的；有寒多热少、热多寒少的；有寒轻热重、热轻寒重的；有热寒往来、作止无常的；也有真寒假热、真热假寒的。诸如此类，都要做出适当分析。虚实也是这样，有形似虚而实实，形似实而实虚，所谓“大实如羸状，至虚有盛候”。即以真寒假热例之，脉洪大是热，假热也有脉洪大；口渴是热，假热也有口渴。要在洪大中辨其有力是真，无力是假；无力中有时有力是真，有力中有时无力是假。口渴辨其饮多喜冷是真，饮多恶冷是假；喜热不多是假，喜冷不多也是假。

咳为肺病，一般病不及肺，是不会咳嗽的。

故《素问·宣明五气篇》说："肺为咳。"如咳而无其他症状的，当然就是肺所为病；假如咳而胁痛，胁为肝位，即为肺病及肝；咳而腰痛，腰为肾府，即为肺病及肾。反之，先胁痛而后咳的，为肝病传肺；先腰痛而后咳的，为肾病传肺。又肺病咳喘，肾病亦有喘咳。但先咳后喘，为肺病及肾；先喘后咳，为肾病及肺。

吐血与唾血有别。唾血是唾中伴血属肺肾。吐血势如潮涌，胸满、脉实的为热积肺胃；血色紫而面青、脉弦的为郁怒伤肝；血鲜而浓，喘咳烦热的为阴虚热扰；血鲜而淡，或如血丝，心烦难寐的为劳神伤心；血浊倦怠的为劳倦伤脾；血紫伴块，胸胁刺痛的为积瘀伤络；血淡无光，脉弱无力的为气虚失摄。

不寐病候，有所谓心肾不交的，一般伴有烦躁不安感。但烦不躁的，是心不下交于肾；但躁不烦的，是肾不上交于心。无烦躁感的，不属于心肾不交。

黄疸病候，大都是目黄、肤黄、尿黄、爪甲黄同时或先后出现。单独目黄或肤黄及尿黄，不一定是黄疸；爪甲黄，是黄疸的独特症状。

胀满水肿，有先后轻重之别。胀比满为重，满比胀较轻；满是胀的初起，胀是满的加重；肿是胀的发展，胀满是肿的先河。

鼓胀非但与腹胀有别，即与其他胀病也不一样。故如但胀不满，或但满不胀，即是胀病、满病，不是鼓胀；既胀且满，亦是胀满病，不是鼓胀；胀满且腹筋起的乃是鼓胀病。

八、药取神效，须圆机活法

中药治疗疾病，早在数千年前已经普遍应用，且有广泛的疗效。但如何继承前人的经验，以应现代之需，则还应在古人的基础上推陈出新。不但要对方药有正确的认识，还必须圆机活法，正确使用方药。吴考槃认为，方是药的多味组合名称，药是方的某味部分。方有君臣佐使、汤丸膏散之异，药有寒热温凉、辛甘酸苦咸之别，方有大小缓急奇偶复之分，药有草木谷石果菜虫鱼鸟兽之殊。故方之与药，有其相同的一面，也有其不同的一面，是要认识清楚的。如麻黄，汗药也，而方则麻黄汤、葛根汤用之，可能发汗；若射干麻黄汤、厚朴麻黄汤等用之则不一定有汗。再如大黄，大黄黄连泻心汤用以治心下痞，其脉关上浮；泻心汤用治吐血衄血；大黄甘草汤用治食已即吐；陷胸汤丸用治结胸。故方药之判，方是包括其全部或大部组合者而言，药则是专指其性味的本能而说，此方与药不同之所由分，医者应仔细对待。

关于方药的轻重，吴考槃强调，方药轻重，和病情一样千差万别，故《伤寒论》、《金匮要略》都有很大距离。方的方面：如炙甘草汤、大柴胡汤、桂枝芍药知母汤、泽漆汤等，全方分两，统约三四十两有余；桔梗汤、白通汤、干姜附子汤、半夏散及汤等，都不足三至四两，但二者都很适宜。药的方面：如大青龙汤、越婢汤（麻黄六两，分为三服），与桂枝二麻黄一汤（麻黄十六铢），桂枝二越婢一汤（麻黄十八铢，各分二服），以及桂枝甘草汤（桂枝四两顿服），附子汤（白术四两三服），和麻黄升麻汤（桂枝、白术各六铢三服），其麻黄、桂枝、白术的用量均相去10倍左右。又白虎汤用石膏1斤，和茯苓桂枝甘草大枣汤用茯苓半斤，小建中汤用芍药六两，橘皮竹茹汤用甘草五两，与麻黄升麻汤用石膏、茯苓、芍药、甘草各六铢较之，则又相去20～60倍以上，然轻重咸宜。再丸药方面：己椒苈黄丸服1丸稍增，肾气丸服15丸加至25丸，也有20倍上下，各自有效。医能探索方药的轻重，寒热补泻合剂之所以然，对于治病的精当，是有其相当作用的。

关于经方时方的认识，吴考槃指出，经方时方，同样是方，同样治病，本无鸿沟界限。

即以经方而言，如理中汤、苓桂术甘汤，通是所谓经方；而理中汤去姜加苓，或苓桂术甘汤去桂加参，便同为时方的四君子汤了。又肾气丸是经方，如去桂或去附，或去桂附，便又为时方的肉桂七味丸及附子七味丸，或地黄丸了。且经方也同样不是原方照抄，有时也需加减其药品分两。如桂枝加芍药汤、桂枝去芍药汤、桂枝去芍药加附子汤及桂枝麻黄各半汤，又从何处得出其不同呢？所以经方时方，主要不在于经方时方本身，而是在于病证是否宜于经方或时方。因为病有宜于经方的，也有宜于时方的。方的问题，在于能否治好病证为准则，不在经方与时方的区别。病而宜于经方，时方当然不能替代；病而宜于时方，经方同样不能解决。故经方时方，既不可故步自封，脱离现实，跟不上形势发展要求，也不可割断历史，倒果为因，而自流于庸俗肤浅。

吴考槃如此精辟的论述，足证其于中医典

籍何等精熟，临床辨治圆机活法又何等灵活。吴考槃非同凡响的见解，更体现他的深邃睿智，让人有所寻思，深受启迪。

内外百科　治有义方

吴考槃在探究中医学术理论方面，于古于今多有创见；在临床实践中更是悉心求真，广有建树。他精研内科，兼通外、妇、幼、喉各科。数十年来，无论是早年间担任茅家镇夏令施诊轮流医师和在锡类中学担任校医，还是后来在海门人民医院中医科担任特约医师，在南京中医学院附属医院门诊任特诊医师，吴考槃始终保持着诊病细致，辨证严谨，用药精准和平易真诚、一视同仁的医风医德。他治疑难、克沉疴，使无数患者再获新生。吴考槃是一位尽仁心，施仁术，享誉遐迩的仁医。

1941 年，某妇人患妊娠腹痛，四处求医。

初投当归芍药散，痛不解；继以小建中汤，痛如故。后求诊于吴考槃，治以胶艾汤，则药到而愈。或问何故？吴考槃说，妇人妊娠，腹中绞痛，或一般性的腹中痛，则宜用当归芍药散或小建中汤治之，非胶艾汤可得而愈；如若妇人妊娠腹中痛，为胞阻的，则宜胶艾汤主之，亦非当归芍药散或小建中汤所可得而愈的。古人成方，自有其传统累验，临床运用必须彻透古人组方之意，方能药证相合，药到病除。

吴考槃对外感病的治疗注重祛邪。他认为，祛邪即是扶正，邪留正伤，邪去正复，病即自愈。患者女，冬温重候，多方医治均谓不治，病家已为患者准备后事。吴考槃诊脉论证，认为病虽危笃，邪毒盛重，但生机未绝，予大剂清热泄邪，最终化险为夷。

又，患者男，55岁。咳嗽痰沫，甚或气喘，喉有痰声。冬天易作，已有多年，近年入春未解，有时腹痛，不易排便，舌苔微腻，脉息弦滑。吴考槃认为，按此脉弦为有饮，滑为有痰。肺位胸中，痰饮阻之，肺失通调，饮气相激为病。《金匮要略》云："咳而上气，喉中水鸡声，射干麻黄汤主之。"拟仿之。处方：净麻黄 9g，射干 6g，洗半夏 12g，细辛 10g，五味子 9g，炙冬花 9g，紫菀 9g，厚朴 6g，全瓜蒌 9g，鲜生姜 6g。3 剂后，喘咳都减，腹痛因大便易解而停。原方去厚朴，再进 3 剂。吴考槃认为，哮喘之病，不易除根，一由于病邪顽固，一由于病重药轻，去疾不尽。如麻、辛、五味，均为治哮常用之药，用量过轻，邪气不伏。射干麻黄汤，为治哮效方，古人云"辛不过钱"，吴考槃却用三倍量，用如其量，药病相当，所以效亦随之。再加厚朴、瓜蒌者，欲通其便也。再诊去厚朴者，以其便已易解也。以上两病案，可见吴考槃祛邪之胆非属一般。

张某，男，52 岁。头痛鼻塞，恶寒发热，咳嗽痰沫，神倦纳减，舌苔白腻，脉息浮弦。

病属太阳伤寒，治宜麻黄汤加味。处方：麻黄9g，桂枝6g，杏仁9g，独活6g，紫苏5g，紫菀9g，炙甘草3g，葱头3个。1剂汗出而愈。

按语：外感寒邪，麻黄汤是对证之方，故一剂即愈。于此知南方无伤寒麻黄汤证之说，是完全站不住脚的。

朱某，男，36岁。外出开会卧地铺一星期，回家即感身疼骨楚，神倦纳呆，小便时清时黄；舌苔微腻，脉息不扬。感受寒湿，清阳失宣，治宜疏解。处方：麻黄9g，桂枝6g，杏仁9g，薏苡仁9g，生茅术9g，防己9g，陈皮6g，紫苏梗9g，藿梗9g，茯苓9g，炙甘草5g。1剂未见多大变化。再剂，麻黄加至15g，桂枝加至9g，服后微汗，诸症都解，调理而痊。

按语：《金匮要略·痉湿暍病脉证治》曰："湿家身烦疼，可与麻黄加术汤发其汗为宜。"卧于地铺，感受寒湿。湿性迟缓，故当时不觉，回家即感身疼。方以麻黄加术汤加味，服后未解，从桂枝汤“不汗更服”之例，加重麻、桂药量，始得微汗而解。可知麻黄汤不是可一不可二的。

何某，男，36岁，海门县人。头疼发热，口燥舌干，脉形洪大。有汗不解，阳明温病，治宜清疏。处方：生石膏30g（绢包），知母12g，鲜沙参9g，生甘草5g，菊花6g，桑叶5g，连翘6g，金银花9g，竹叶20片，鲜芦根一尺去节。1剂即愈。

按语：《素问·热论》曰：“热病者，皆伤寒之类也。”《素问·生气通天论》曰：“冬伤于寒，春必病温。”《素问·金匮真言论》曰：“藏于精者，春不病温。”温者热之渐，热者温之极。温热伤寒，同为感邪之一，故曰“伤寒之类”。伤与藏，是言异而旨通，故一曰伤于寒，必病温；一曰藏于精，不病温。换言之，不伤寒，则不病温；不藏精，则必病温。不是伤于寒是一回事，藏于精又是一回事。治温宜清，故以白虎等清热，一剂而解。

赵某，女，33 岁。全身浮肿已 4 年，头昏身重，腰背作痛，转侧不利。体重由原来 140 斤，增至 165 斤。脉弱舌淡。吴考槃认为脾主湿，肾主水，病属肾虚水泛，脾虚湿困，水湿互阻，浸淫肌肤，发为水肿。治宜通阳发表，健脾行水。处方：麻黄 9g，附子 9g，细辛 6g，防风 6g，紫苏叶 5g，紫苏梗 9g，党参 9g，生茅术 6g，泽兰 6g，茯苓 9g，泽泻 9g，炙甘草 3g。5 剂。上方服 15 剂后，体重已减至 142 斤，诸恙悉解。效不更方，继服原方，以竟全功。

按语：《金匮要略·水气病脉证治》说："诸有水者，腰以下肿，当利小便；腰以上肿，当发汗乃愈。"本病为水湿互阻，全身浮肿，故方以麻、附、细辛，通阳发表，配以防风、紫苏助之，四君、泽泻健脾利水，更以泽兰"治身面四肢浮肿，骨节间水"（《神农本草经》）引之。药与病合，病随药解，则是很自然的。

吴考槃治内伤疾病重在调气、和营、安正，认为只要气机调畅，诸病皆可霍然。他在临床实践中悉心究思，逐步形成了自己的临床风格和特色，深获病家信赖。

窦某，女，33 岁。心悸寐梦，神倦乏力，脉小间歇，舌淡少华。此气营两虚，失于洒陈，宜调气养营。处方：炙甘草 12g，桂枝 9g，生地黄 20g，党参 6g，麦冬 9g，阿胶 9g（烊化），黑芝麻 9g，远志 6g，红花 3g，鲜生姜 6g，红枣 12 枚，清酒 62g。5 剂，即愈。

吴考槃按语：《伤寒论·辨太阳病脉证治》云："心动悸，脉结代，炙甘草汤主之。"故于原方加远志、红花，加强心营运行之力。

薛某，男，42 岁。头晕时胀，甚或右额按之感疼。目眩耳鸣，腰酸作痛，难寐多梦；舌苔淡腻，脉息软弱。吴考槃认为此系劳神过度，气营失洒，是以上部失洒而头目晕眩，耳为之鸣。《灵枢·口问》所谓“上气不足，耳为之苦鸣，头为之苦倾，目为之眩”是也。中虚失洒而寐难神浮多梦。《素问·脉要精微论》所谓“五脏者，中之守也”。心藏神，肝藏魂，神魂失藏则难寐多梦也。腰者肾之府，肾脉贯腰，下元失洒，是以腰脊酸楚。《素问·病能论》所谓“肾为腰痛之病也”。拟仿《金匮要略》酸枣仁汤合肾气丸法试治。

处方：炒酸枣仁 9g，川芎 5g，知母 9g，朱茯苓 9g，炙甘草 5g，菊花 6g，桑寄生 9g，磁朱丸 9g（包）。3 剂。另配肾气丸 30g，每日 3 次，3 日服完。诸候都缓，苔腻亦化，药已有效，不必更张，原方再服 3 剂，病痊愈。

吴考槃按语：酸枣仁、川芎、知母、茯苓、甘草，即《金匮要略》用治不得眠的酸枣仁汤方药。肾气丸为治虚劳腰痛成方，俱为古来传统的效方。桑寄生，《神农本草经》载其治腰痛。菊花，《玉楸药解》载其治头痛眩晕。磁朱丸《备急千金要方》载其主明目耳鸣。诸药合而服之，养心健脾益肾，上下通利调畅，是以有效。

赵某，女，38 岁。咽中如有物阻，吞之不下，吐之不出，颈粗转侧不利，胸闷气窒，脉息不扬。此即《金匮要略》半夏厚朴汤证也。处方：洗半夏 9g，厚朴 9g，紫苏叶 6g，茯苓 12g，鲜生姜 6g，葛根 9g，黄药子 9g，凤凰衣 3g。3 剂。

再诊诸恙悉平，嘱怡情悦志，以免复发。原方加绿萼梅 5g。3 剂而愈。

按语：半夏厚朴汤，治梅核气良方。加葛根、黄药子、凤凰衣、绿萼梅，增强其宣络解郁之力。

李某，女，27 岁。胸痹作痛，脘闷欠适，头昏目糊，纳减作胀，舌白脉弱。此劳役过度，治节失宣，中运失顺，肺胃两病，清阳失布。宜宣肺调中，振奋清阳。处方：杭菊花 6g，紫苏梗 6g，藿梗 6g，石菖蒲 6g，瓜蒌 9g，香橼皮 6g，广陈皮 6g，枳壳实各 5g，厚朴花 3g，白蔻壳 3g，竹茹 3g，炙甘草 3g。3 剂。（患者言，此药服完即愈）

按语：此由劳役过度，清阳一时受阻，故以大队通宣利气之品，更以菊花清其头目，竹茹止其烦乱即愈。

罗某，男，65 岁。寝汗多年，有时尿后感冷，舌淡少华，脉虚大而迟。《素问·生气通天论》曰："阴者藏精而起亟也，阳者卫外而为固也。"《素问·阴阳应象大论》说："阴在内，阳之守也；阳在外，阴之使也。"卫为阳，营为阴。卫虚失固，则阳虚外寒，是以尿后感冷。营虚失守，则阴液失藏，故寐则汗出。舌为心苗，脉为血府，心主血脉，心营虚而失洒，所以舌淡少华，脉虚大而迟。此《金匮要略》所谓"大则为芤，芤则为虚"，《伤寒论》所谓"迟以营气不足，血少故也"。拟扶阳固卫，敛阴戢汗，使阴平阳秘，精神乃治。处方：附子9g，生白术9g，五味子6g，炒枣仁9g，合欢皮9g，龙骨15g，生牡蛎15g，料豆衣9g，浮小麦9g，炙甘草3g。3剂。

再诊，药完汗止脉平，余无他苦。原方去附子，加黄芪9g，3剂服讫即愈。

按语：寝汗阴虚者多，此则是阳虚为主，故以附、术扶阳止汗，而以龙、牡、五味固摄为佐，枣、麦、甘草等宁神敛津为使。再诊去附子加黄芪者，避辛窜而重补虚力也。

薛某，女，45岁。脐腹阵痛，时止时作，已有两年。痛时疙瘩凸起，甚或肢冷汗出，脉细沉弦，舌苔薄白。寒伤厥阴，络阻气聚失宣，宜通阳散寒。处方：当归6g，桂枝6g，细辛5g，淡吴茱萸3g，青皮6g，乌药6g，制香附9g，八月札9g，桃仁9g，炙甘草3g。3剂。

再诊，药后两月未发，近因劳累又作。原方加广木香5g，再进3剂而愈。

按语：脐腹为厥阴经行之地，故方以当归四逆温通厥阴，乌、附、桃仁等利气疏瘀佐之。再诊加木香者，《本草正义》载其专治气滞诸痛也。

王某，男，73 岁。腰背酸痛，脘闷吐痰，舌淡白，脉微迟。此肾阳不足，感邪阻络为病，宜散邪振阳，通络调中。处方：独活 9g，狗脊 9g，鹿角 9g，淫羊藿 9g，川续断 9g，菟丝子 9g，细辛 3g，炒桑枝 9g，陈皮 6g，天仙藤 9g，丝瓜络 9g，鲜生姜 3g。3 剂。

再诊，脘闷吐痰都停，腰痛亦减。此感邪已散，肾元未复。治宜原方加减。处方：独活 9g，狗脊 9g，桑寄生 9g，淫羊藿 9g，川续断 9g，菟丝子 9g，天仙藤 9g，丝瓜络 6g，炙甘草 3g。再 3 剂。

按语：高年肾虚，散邪必须注意扶元。故方以独活、细辛散邪，桑枝、天仙藤、丝瓜络通络，鹿角、狗脊、淫羊藿等扶元。佐以陈皮、生姜者，以其脘闷吐痰也。再诊感邪已散，故去鹿角、细辛等辛热之品，易桑枝为桑寄生，加甘草以调理之。

翁某，男，67岁。高年，右半身不遂，喉中痰声辘辘，咳吐难出，神志迷糊，语声不扬，舌苔黄腻，燥而微黑，脉息弦而带数。气火沸溢，冲激元神，非轻浅易治之候。拟化痰泄热，顺气宣窍。处方：陈胆星3g，天竺黄9g，桑白皮9g，马兜铃4.5g，鲜石菖蒲4.5g，莱菔子4.5g，玄精石9g，川贝母3g，焦栀子6g，瓜蒌仁9g，竹茹9g。另：紫雪丹1.5g，用青蒿露125ml，分成5次送服。2剂。

再诊，《金匮要略·中风历节病脉证治》曰："夫风之为病，当半身不遂。""邪入于脏，舌即难言。"风为阳邪，性善上升，前以清化泄热药，服后痰稀易出，语言顺利，但舌腻依然，大便不行。此乃上焦之邪已减，中下之滞未清，宜原意进退之。

类中偏风，前后加减八诊，连投泄热化痰、清神通络剂后，诸恙都解。4月以来，右半身手之举动，足之步履，虽无痛苦，总觉无力。又咳吐浓痰，间或眩晕，口时流沫，脉息软弱，舌质绛苔薄。《素问·五脏生成篇》曰："目受血而能视，足受血而能步，掌受血而能摄。"脉为血府，舌为心苗，心生血，血为营，良以营阴虚衰，生气之少火偏盛也。盖营行脉中，渗诸阳，灌诸阴，濡筋骨，利关节，和调五脏，洒陈六腑。水精四布，五经并行，而后手能握，足能步，头目清明，舌荣脉匀，营卫调和，无过不及，方可神转不回，膏泽百骸，筋力强健，长生久视。如阴液不足，骨属屈伸不利，则左之利者易行，右半相形见绌，所以总感无力。营虚则少火易升，肺金受刑，水津不布，聚液成痰；斡旋失衡，头目失荣，时成眩晕，所由来也。《素问·阴阳应象大论》曰："治病必求于本。"本者何？病之原也。病由阴液不足，补阴济阳为主，顺气通络为佐，则阴阳匀平，诸症自痊。处方：太子参 62g，枸杞子 62g，天麻 62g，珠儿参 31g，秦艽 31g，天冬 31g，白前 62g，怀山药 310g，陈皮 31g，云茯苓 93g，当归 93g，杭白芍 93g，夜交藤 62g，菟丝子 31g，续断 93g，桑寄生 62g，磁石 93g，怀牛膝 93g，红枣 125g。上药煎汁滤去滓，入阿胶 125g 克，虎骨胶（现已代用）125g，冰糖 500g，收膏。每晨沸水冲服一匙。

吴考槃按语：类中一证，多为阴液不足，气火上逆，肝阳偏盛，肝风内动；或痰湿壅阻，化热生风；亦有外邪引动而发病者。诸种因素，相互影响，同时为患。本例为气火夹痰，冲激元神。故治疗始终贯彻泄热化痰，顺气通络而获效，最后以补阴济阳而竟全功。

养生二诀　长寿之要

有人说老中医有特别的长寿秘诀，而吴考槃的长寿秘诀是生活简朴，持之以恒；淡泊名利，豁达人生。

一、生活简朴，持之以恒

吴考槃生活规律，早起早睡，中午小憩片刻；饮食清淡，简单适量。早餐一个鸡蛋，一块蛋糕，一碗牛奶。午餐一荤一素一个汤，以米饭加小酒一杯。晚上简餐量少适宜。他认为，早晨要吃好些，中午要吃饱些，晚上要吃少些，这是吴考槃长寿的一个秘诀。熟悉吴考槃的人都说吴考槃只有看书的嗜好。其实饭后一支烟，也是吴考槃几十年的嗜好。吴考槃喜欢飞马牌香烟，认为便宜好抽又上口。吴考槃烟瘾不大，一支烟要分三次抽，一包要分三天吸。有时亲朋好友送来一条好烟，吴考槃总是要吸上几个月。可是自己却从不买好烟，用他的话说“抽烟是浪费”。

适当运动、饭后百步走，是吴考槃每天习惯做的事，不管家中有菜与否，早晨六点起床必走菜场一次。晚饭后，也要在外面散步半小时。吴考槃习惯走路，每个周日还去新街口一次，总是走路去走路回，从不坐车。有一位老红军的母亲病重，请吴考槃出诊，并要用车来接。吴考槃婉言谢绝，能走路就不坐车，能乘公交车往返，就不要病家专车接送，这是吴考槃的出诊习惯，也是行医风格。几十年来以走路健身，也是吴考槃长寿的秘诀之一。

生活俭朴。“够用就好”是吴考槃的口头语。几十年来，吴考槃勤俭持家，克己奉公是他的美德。到过吴考槃家的人都知道，他家除了基本用的床、桌、椅、板凳等简单的生活用品外，像样的家具都没有。他常跟家人说，生活上只要够用就行，多买了也是浪费。与吴考槃住在一起的孙女，多次想添置些现代的家具和电器，可每次都被吴考槃拒绝。吴考槃衣着朴素，但干净整洁，一年四季只有几套更换的衣服。若提前让他知道要给他添置衣物或食品，他总是不高兴地要吵起来。有时只好背着他买回后，待他高兴时拿出来，才勉强接受。凡吴考槃使用的物品都很耐用。每逢雨天，打着土黄色油布雨伞，足穿褪了色的军用球鞋，肩上挎着帆布背包，在校园里行走的老人，谁都知道，那准是吴考槃医生。

生命不息，用脑不止。除了日常生活，吴考槃大多数时间都在工作学习。许多人认为吴考槃学问如此渊博，肯定家中藏书万册，其实吴考槃爱书，但很少买书。他常告诉子女，书买多了，因为家中有书，也就懒得读了。所以学校的图书馆与文献所的资料室是吴考槃常待的地方。什么书放在什么地方，他都记得清清楚楚，查阅起来伸手可得。吴考槃记性极好，他读过的书几乎是过目不忘。资料室甚至全所乃至全校老师，碰上难解的字词都要请教他。吴考槃是大家的“活字典”。吴考槃平时沉默少言，不了解他的人，认为他只精于中医，但跟他深谈过的人，都知道他是个天文地理、诗词文史乃至帝王将相、古今轶事无所不晓的一位学者。从 20 世纪 70 年代起，家中就订阅了《新华日报》等报刊。他还经常去图书馆阅读其他专业书刊，非常关心时事要闻。吴考槃常告诉儿孙，读书不仅可以增知识，长学问，还可以养德健身，也可使生活更充实。这也是吴考槃长寿的重要原因。

二、淡泊名利，豁达人生

吴考槃一生淡泊名利，豁达宽厚，为人低调，不事张扬，不求闻达，只潜心于中医事业。作为著名中医文献学家、教育学家，吴考槃博览群书，精攻典籍，白手起家，创办学堂，亲任校长兼教员；开业行医，不分贫富，扶贫济世，以医活人，20年间培养了近百名优秀中医人才；后特邀参与创办江苏省中医进修学校（现南京中医药大学），并温课执教，著书立说，编撰教材与专著。

吴考槃70余年的杏林生涯，精研覃思，立言传世，为学科的建设默默奉献，为人民的健康作出了卓越的贡献，在中医学术界享有崇高的声誉，被赞誉为著名经典医籍注释大家与研究大师、中医界的“活字典”、中医药文献研究的一代名家。然而作为一个普通人，吴考槃幼年丧母，中年丧子，肩负着两代人的抚养与教育之责，不断激励后代努力学习。受吴考槃的教诲，孙辈们都发奋图强，学有所成，获得了硕士或博士学位。吴考槃虽历经了国家变革，“十年动乱”冲击，以及家庭重负等种种磨难，仍以坚忍不拔的毅力，取得了常人无法想象的巨大成就。吴考槃将自己的全部精力投入于中医事业，从不计较个人得失。他经常帮助他人审稿改稿，从不要求署名，不计报酬，只有自己独家撰写的，才署上“海门吴考槃”。吴考槃也从不向领导提出任何要求，不阿谀奉承，即便真正有困难，也总是自己想办法解决。他一生淡泊名利，内心清静而无杂念。他为人谦和诚恳，处事坦诚，深得医界同仁的敬仰。

对于人生的种种不平，吴考槃都以博大胸怀，宽厚性情一一包容。他的这种豁达淡泊是一种自信、宽容、开朗，是一种修养，一种理念，一种境界，一种对待人世的态度。这种淡泊不是不思进取，不是无所作为，不是没有追求，正是这种淡泊，能经受荣耀，也能耐得寂寞，在顺境中不自鸣得意，身处逆境时不妄自菲薄，宠辱不惊，悉由自然。这就是吴考槃的人生，也是他长寿的秘诀。

（撰稿人　吴承玉　吴承艳）